# Altamiro Carrilho
# Chorinhos Didáticos

para *Flauta*
ou qualquer instrumento em *clave de Sol*

Nº Cat.: BQ223

**Irmãos Vitale Editores Ltda.**
vitale.com.br
Rua Raposo Tavares, 85  São Paulo  SP
CEP: 04704-110  editora@vitale.com.br  Tel.: 11 5081-9499

© Copyright 2013 by Irmãos Vitale Editores Ltda. - São Paulo - Rio de Janeiro - Brasil.
Todos os direitos autorais reservados para todos os países. *All rights reserved.*

*Companheiros, Professores e Alunos,*

*Aqui está um pequeno álbum com 12 chorinhos singelos compostos com o propósito de facilitar a execução do gênero de música instrumental mais importante do Brasil: o "choro" ou "chorinho" como é carinhosamente chamado pelos poetas da nossa Terra.*

*Esperemos que, com a nossa modesta colaboração, o objetivo seja atendido satisfatoriamente.*

*Agradecemos a* Bruno Quaino Editores *pela compreensão e apoio para a realização deste sonho tão antigo.*

*Desejo a todos... Muita Paz!*

Altamiro Carrilho

# CHORINHOS DIDÁTICOS
## Nº 1

ALTAMIRO CARRILHO

# Chorinhos Didáticos
A. Carrilho

## Nº 2

# Nº 3

Chorinhos Didáticos
A. Carrilho

# Chorinhos Didáticos
A. Carrilho

## Nº 4

# Nº 5

**Chorinhos Didáticos**
A. Carrilho

# Chorinhos Didáticos
A. Carrilho

## Nº 6

Chorinhos Didáticos
A. Carrilho

# Nº 7

**Chorinhos Didáticos**
A. Carrilho

# Nº 8

Chorinhos Didáticos
A. Carrilho

# Nº 9

# Chorinhos Didáticos
A. Carrilho

## Nº 10

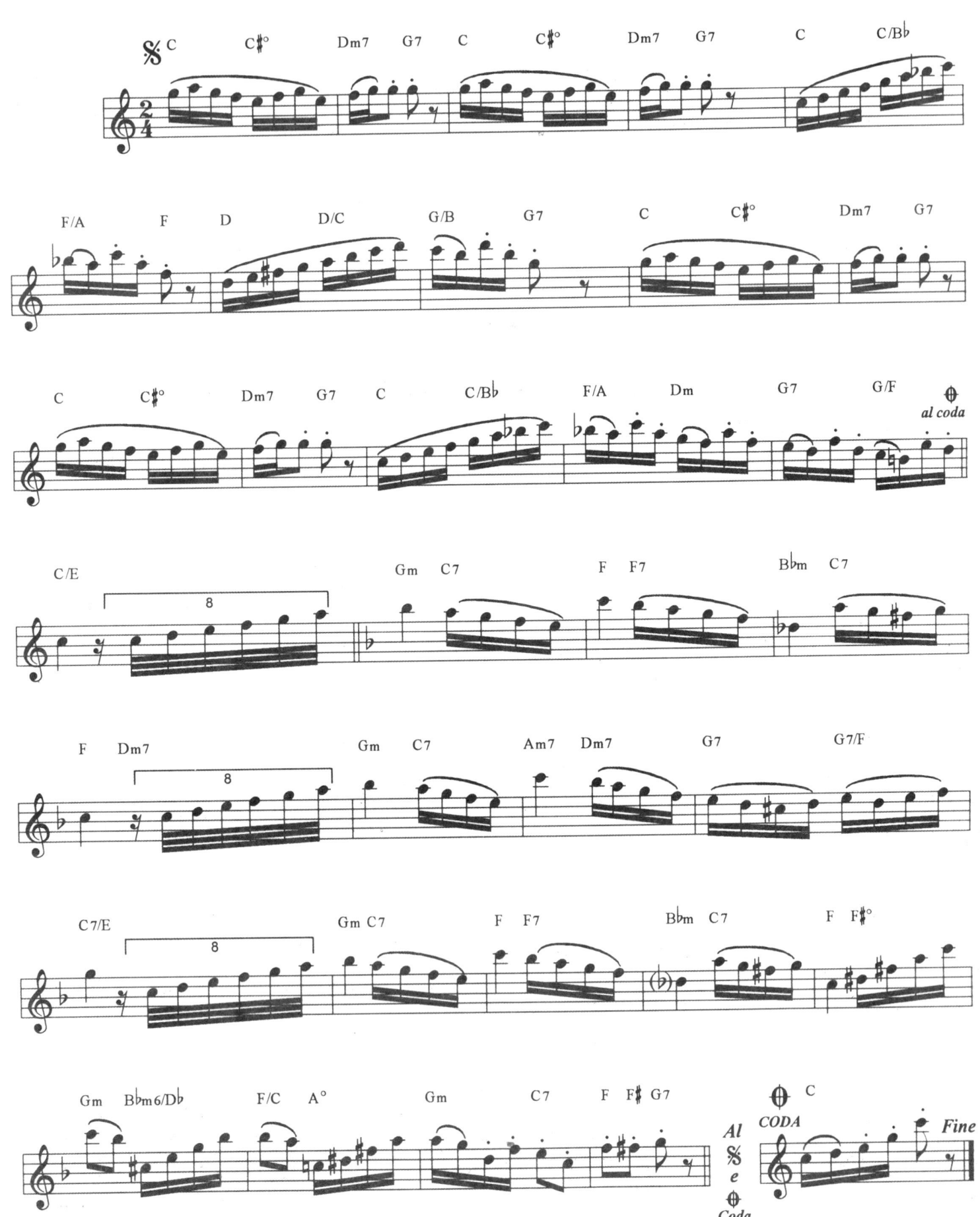

Chorinhos Didáticos
A. Carrilho

# Nº 11

# Chorinhos Didáticos
A. Carrilho

## Nº 12

Arquivos de áudio *play-a-long* em MP3 estão disponíveis para *download* gratuito em:

**vitale.com.br/downloads/audios/BQ223.zip**

ou através do escaneamento do código abaixo:

*Obs.: Caso necessário, instale um software de descompactação de arquivos.*